"Danke für die schöne Steptanzmelodie",

sagt eine Schülerin nach dem Unterricht,

und ich weiß wieder, warum ich unterrichte.

Die Schönheit einer Steptanzmelodie unterrichten

Bibliografische Information der Deutschen Nationalbibliothek:
Die Deutsche Nationalbibliothek verzeichnet diese Publikation in der
Deutschen Nationalbibliografie; detaillierte bibliografische Daten sind im
Internet über http://dnb.dnb.de abrufbar.

© 2021 Birgit Brade

Illustrationen: Birgit Brade

Herstellung und Verlag: BoD – Books on Demand, Norderstedt

ISBN: 978-3-7534-4486-4

INHALT

Die Schönheit einer Steptanzmelodie unterrichten

PRAKTISCHE ANLEITUNGEN UND ANREGUNGEN

FÜR DEN STEPTANZUNTERRICHT

Birgit Brade

 **Vorbereitung**

Es ist kurz vor dem Unterricht.

An guten Tagen habe ich eine super ausgearbeitete Stundenvorbereitung mit Warm-Up, Übungen zu Technik und/oder Rhythmus, Hinleitung zu neuen Inhalten, Einbettung in das Material, das wir in der Stunde davor gelernt haben und Zeit für Wiederholung.

An anderen Tagen komme ich gestresst und unvorbereitet in den Übungsraum, überlege mir spontan ein Warm-Up, und improvisiere von da an die Stunde.

Beides funktioniert mal richtig gut, mal nicht so gut.

Der Unterschied ist, dass es mir mit einer Vorbereitung im Hintergrund viel besser geht – ich bin entspannt, kann von der Struktur auch abweichen, wenn, was fast immer passiert, etwas anders läuft, als ich mir das vorgestellt habe und bin offen und aufmerksam meinen SchülerInnen gegenüber.

Seit über 25 Jahren bin ich Steptänzerin und -Lehrerin, und vor allem zu Beginn dieser Zeit habe ich mir oft ein Buch gewünscht, dass mir mit konkreten Tipps zum Steptanzunterricht weitergeholfen hätte. Es gibt Bücher, die mich als Steptänzerin persönlich inspiriert haben, allen voran Acia Grays *The Souls of your Feet*, Brenda Bufalinos *Tapping the Source* und Rusty Franks *Tap!* Leider gab es keines, das speziell für meinen Unterricht hilfreich gewesen wäre, also habe ich im Lauf der vielen Übungs-, Vorbereitungs- und Unterrichtsstunden ein eigenes Konzept entwickelt, das, wie ich vermute, in ständiger Entwicklung bleiben wird.

Als ich mit dem Unterrichten anfing, konnte ich genau drei kurze Choreografien und hatte selber zwei Jahre lang regelmäßig eine Wochenstunde Steptanzunterricht gehabt. (Vielen Dank an dieser Stelle an Irina Maué, die meine Begeisterung geweckt und die Grundlagen gelegt hat für diese ganz besondere Tanzform, die Tanz und Musik verbindet ...)
Bevor ich das erste Mal einen Steptanzkurs leitete, wusste ich nicht viel über Musik und über Rhythmik – das meiste hatte bis dahin intuitv funktioniert. Aber nun war es nötig zu verstehen, was ich tat, damit ich erklären konnte, wie Choreografien strukturiert sind, wie Musik aufgebaut ist und wie Musik und Schritte sich zueinander verhalten.

Auch über Technik hatte ich mir nur so viel Gedanken gemacht, wie ich brauchte, um das im Unterricht Gelernte, möglichst gut reproduzieren zu können.

Choreografien oder Übungen selbst auszudenken schien mir allerdings die größte Herausforderung zu sein. Ich nahm die Herausforderung an und fing an, mir Gedanken über all das zu machen, was hinter den Schritten, Kombinationen, Choreografien und Übungen liegt.

Und ich machte mir Gedanken über Unterricht, also über die Art und Weise, wie ich den TeilnehmerInnen (im Folgenden TN genannt) all das nahe bringen konnte, das für mich den Steptanz ausmacht.

In diesem Buch versuche ich, diese Überlegungen und mein Unterrichtskonzept zu schildern, in der Hoffnung, dass es anderen SteptanzlehrerInnen hilfreich sein kann.

Natürlich ist mein Konzept nicht abgeschlossen - mit jeder Unterrichtsstunde, jeder neuen Gruppe und jeder neuen TeilnehmerIn passiert etwas Neues, das mich weiterbringt. Dies ist deshalb mein persönlicher Zwischenbericht für dich!

Die ersten Kapitel entsprechen den möglichen Inhalten einer Unterrichtsstunde oder eines Workshops.
Ich unterrichte nicht in jeder Stunde jeden Bereich, aber ein Warm-Up ist immer der Start, und es gibt fast immer ein oder mehr Übungen zu Technik und/oder Rhythmus. Da wir meistens an einer Choreografie arbeiten, gibt es auch hier fast immer eine neue Schrittkombination und Wiederholungen des bereits gelernten Materials.
Improvisations-Übungen kommen immer mal vor; in manchen Gruppen häufiger, in anderen Gruppen seltener.
Body Percussion ist ein ganz eigener Bereich - manche Übungen eignen sich hier als Warm-Up; aber ich unterrichte immer mal auch eine komplette Body-Percussion-Choreografie.
Am Ende des Buches hab ich noch ein paar Überlegungen zu Musik angeschlossen.

Jedes Kapitel beinhaltet konkrete Übungen und Überlegungen zum jeweiligen Thema. Die Übungen sind von der Grundidee her für Gruppen ausgerichtet, können aber auch ohne Probleme mit Zweiergruppen oder auch im Einzelunterricht umgesetzt werden.

Im Prinzip wird bei allen Übungen Rhythmus und Technik (und Haltung und Balance) geübt, und die meisten Übungen können auch als Warm-Up-Übung eingesetzt werden. Ich habe die verschiedenen Übungen den Bereichen zugeordnet, wo sie meiner Meinung nach schwerpunktmäßig hingehören.

Manche der Übungen habe ich im Lauf der Jahre in Workshops, Seminaren und Fortbildungen bei anderen DozentInnen in den Bereichen Steptanz, Bewegung und Tanzimprovisation gelernt und manchmal verändert und/oder erweitert, andere habe ich mir selber ausgedacht. Am Ende des Buches findet ihr eine Liste der SteptänzerInnen, TänzerInnen und DozentInnen, die mich in meiner Entwicklung unterstützt haben.

ÜBERLEGUNGEN ZU GRUPPENKONSTELLATIONEN

KINDERGRUPPEN:

Die größte Herausforderung im Steptanzunterricht sind für mich Kindergruppen. Ich empfehle Steppen für Kinder frühestens ab sieben, acht Jahren, weil, wie man es dreht und wendet, Steptanz auf jeden Fall ziemlich technisch und in jeder Hinsicht anspruchsvoll ist. Kinder lieben Steptanz, merken aber sehr schnell, dass es nicht so einfach ist wie andere Tanzarten, sondern eher mit dem Lernen eines Instrumentes zu vergleichen ist. Die Leichtigkeit und rhythmische Präzision, die beim Steptanz so begeistert, ist nur durch sehr viel Übung zu erreichen.

Trotzdem gestalte ich den Unterricht in den Kindergruppen weniger technisch als bei den Erwachsenen. Meistens ist das Warm-Up auch als (Step-)Spiel zu verstehen und generell spielen wir immer mal wieder Spiele, die Rhythmus, Improvisation, oder Aufmerksamkeit im Fokus haben.

Bei den kleineren Kindern besteht das Vermitteln von neuen Inhalten nicht so sehr in Erklärungen sondern im Zeigen - Imitation ist bei Grundschulkindern oft die zuverlässigste Art zu lernen.

Es gibt keine wirklich homogenen Gruppen, und bei Kindern ist es wirklich eine große Herausforderung, die Unterschiede unter einen Hut zu bringen. Oft langweilen sich die einen schon, während die anderen eine bestimmte Technik oder Kombination noch nicht erfasst haben.

In dem Fall ist es manchmal sinnvoll zu diffenzieren. Das heißt, diejenigen, die schon mehr können und wollen, bekommen die aktuelle Kombination in einer erweiterten Variante. Es ist auch möglich, dass die einen die aktuelle Kombination in Vierteln tanzen und die anderen doppelt so schnell, also in Achteln.

Ein Problem, das beim Diffenzieren auftreten kann, ist der Konkurrenzdruck, der, abhängig von der jeweiligen Gruppen mehr oder weniger herrscht.

Die schwächeren TN möchten nicht unbedingt als Schwächere gesehen werden; außerdem wollen sie die "coole", schwierigere Kombination auch lernen. Und das sollen sie ja auch. Das muss man dann in der aktuellen Situation entscheiden, was die beste Methode hier ist.

Manchmal bilde ich Zweiergruppen und lasse die Kinder sich gegenseitig den neuen Schritt erklären und gemeinsam üben. Meine Aufgabe ist dann eher, helfend einzuschreiten.

Das Schöne an Kindergruppen ist, dass die TN mit sehr viel Energie und Motivation beim Tanzen sind. Bis zum Alter von ungefähr elf, zwölf Jahren haben die meisten auch sehr viel Spaß dabei, etwas vorzutanzen oder zu improvisieren. (Übungen dazu siehe Kapitel "Kreativ" und "Improvisation")

GEMISCHTE ERWACHSENENGRUPPEN

Egal ob Kinder-, Jugendlichen- oder Erwachsenengruppen - hier kommen immer verschiedene Persönlichkeiten mit unterschiedlichen Vorkenntnissen und Begabungen, verschiedenen Vorlieben, was Musik und Tanzstil angeht und eigenen Vorstellungen von Unterricht zusammen.

Auch bei Erwachsenen ist Heterogenität ein Thema; allerdings sind meiner Erfahrung nach Erwachsene oft geduldiger und begrüßen lange Übungssequenzen und Wiederholungen eher, als dass sie sie ermüdend emfinden. Trotzdem kann es auch hier sinnvoll sein, zu differenzieren. Die meisten Erwachsenen haben weniger Probleme mit dem Diffenzieren/Einordnen in schwächere und stärkere Gruppen, so dass dadurch mit spannenden sich ergänzenden rhythmischen Figuren gearbeitet werden kann.

GRUPPEN MIT JUGENDLICHEN

Ich arbeite auch mit Jugendlichen richtig gerne, da sie einerseits sehr offen sind für spannende rhythmische Experimente, es aber auch nicht scheuen, intensiv an Technik und Präzision zu arbeiten. Ganz im Gegenteil!
Außerdem fällt es den meisten Jugendlichen sehr leicht, sich Choreografien zu merken, und generell ist das Lerntempo verhältnismäßig hoch. So bleibt der Unterricht spannend. Außerdem haben Jugendliche, sowie auch Kinder oft ganz eigene Ideen und Vorschläge für Übungen oder Choreografien.

50*PLUS*-GRUPPEN

Das Schöne an TN, die mit über 50 Jahren mit dem Steptanz beginnen ist, dass sie sehr motiviert und sehr aufmerksam sind, aber gleichzeitig auch mit mehr Gelassenheit an die Sache gehen. Das trifft jedenfalls auf die meisten TN in dieser Altersgruppe zu. Auch in diesen Gruppen herrscht wie überall eine Heterogenität, aber die Toleranz ist eher hoch, so dass wie bei den altersgemischten Gruppen das ausgiebige Üben und Wiederholen eher begrüßt wird.

Was mich immer wieder freut, ist, dass die Motivation, das Erlernte auf der Bühne zu präsentieren, bei diesen Gruppen relativ hoch ist. Ein geplanter gemeinsamer Auftritt ist natürlich für alle Gruppen immer positiv, weil dadurch Energien freigesetzt werden - plötzlich organisieren die TN sich unabhängig vom Unterricht zum gemeinsamen Üben!

MEINE PERSÖNLICHE SCHREIBWEISE FÜR SCHRITTKOMBINATIONEN

Es ist heutzutage glücklicherweise möglich, Schrittkombinationen und Choreografien einfach mit dem Handy zu filmen und sie so zu archivieren oder danach zu üben.

Ich schreibe allerdings immer wieder Kombinationen oder ganze Tänze auf. Durch diese andere Form der Darstellung bin ich gezwungen, auf der theoretischen Ebene die Kombinationen zu durchdringen und zu reflektieren. Außerdem bleiben sie mir so besser im Gedächtnis haften.

Es gibt verschiedene Schreibweisen für Steptanzkombinationen; hier werde ich Euch meine Methode kurz vorstellen.

Ich schreibe immer in drei Spalten; in der linken Spalte steht der Rhythmus; in der Mitte die Schritte, und in der rechten Spalte steht, welcher Fuß benutzt wird, also rechts oder links und gegebenenfalls Anmerkungen wie zum Beispiel, ob wir uns in eine bestimmte Richtung bewegen, was die Arme machen, ob wir uns drehen oder ähnlich.

Die Viertel sind immer die ganzen Zahlen, also **1,2,3** und so weiter, bei einem binären Rhythmus bezeichet das **+** die Achtel und das **e** die Sechzehntel, bei einem ternären Rhythmus sind das **+** und das **e** die Triolen. Das **de** bezeichnet eine Achteltriole oder in einem binären Rhythmus eine 32stel. Eine (..) ist eine Pause.

Wie im Tanz üblich fasse ich zwei Takte zusammen, zähle also bis acht.

Für einen binären Rhythmus könnte das dann so aussehen:

1	shuf-	re
+2	fle step	re re
3	shuf-	li
+4	fle step	li li
5	shuf-	re
+6	fle step	re re
e+e7	heel heel ball ball	re li re li
8	clap	

Eine Schrittkombination im ternären Rhythmus könnte so aussehen:

e1	heel dig	li re
+e2	brush (b) step heel	re re re
e3	heel shuf-	re li
+e4	fle step heel	li li li
e5	heel dig	li re
+e6	brush (b) step heel	re re re
7	stamp	li
(8)	----	

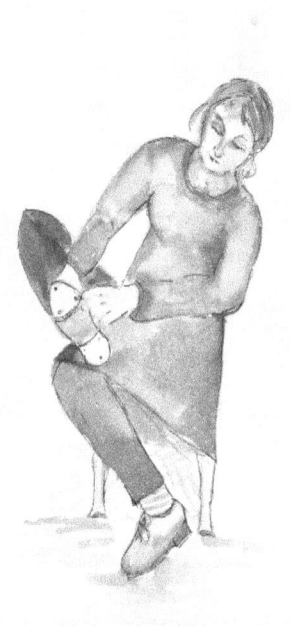

 # Warm-Up

Jede Unterrichtsstunde beginnt bei mir mit einem Warm-Up.

Dieser Teil soll ein gutes Startgefühl vermitteln und eine entspannte Lerngrundlage schaffen. Außerdem soll der Körper aufgewärmt werden, um Verletzungen zu vermeiden und die Beweglichkeit zu erhöhen.

Das bedeutet für mein Konzept: Warm-Up-Übungen sind keine Herausforderungen; sie sollen Sicherheit geben, indem sie an vorhandene Kenntnisse und Fähigkeiten anknüpfen.

Bei absoluten Anfängern kann das wie in Phase 1 der nachstehend beschriebenen Übung aussehen.

Aber immer gilt: ein Konzept einer Übung oder Lerneinheit ist immer wie ein Rahmen zu verstehen, dessen Inhalt je nach Interaktion, Gruppe, oder Atmosphäre variiert werden kann.

Merke ich, dass die TN überfordert sind, fahre ich das Niveau ein wenig herunter. Bezogen auf die oben beschriebene Übung würde das bedeuten, die einzelnen Phasen zu verlängern und einfache Rhythmen vorzugeben. Merke ich, dass die TN mehr gefordert werden wollen, biete ich entsprechend ein höheres Tempo und/oder kompliziertere Rhythmen an.

WARM-UP-ÜBUNG 1

DURCH DEN RAUM

Wir laufen kreuz und quer durch den Raum; ich führe, alle TN folgen im Takt einer einfachen Musik. Einfach heißt hier: die Musik sollte sich möglichst im mittleren Tempo im 4/4 Takt bewegen. Ein mittleres Tempo ist bei mir zwischen 90 und 110 bpm. Das kann allerdings individuell variieren.

Phase 1:

Wir laufen hörbar zunächst mit *flats* auf den Vierteln bis alle TN sich entspannt mit der Musik bewegen.

Dann ändert sich z.b. das Lauftempo, das heißt ich gehe nun halb so schnell, halte diesen Modus eine Weile – wieder so lange, bis alle sich an das neue Tempo gewöhnt haben und wechsele dann auf Achtel, also doppeltes Tempo.

Bei schnellerem Tempo bietet es sich an, von *flats* auf *steps* zu wechseln.

Phase 2:

Ich gebe einen einfachen Rhythmus über einen Takt vor, der sich fortlaufend wiederholt. Die Technik beschränkt sich zunächst auf *steps* und *flats*, kann aber im Laufe der Übung erweitert werden.Wie in Phase 1 läuft der vorgegebene Rhythmus eine Weile fort und wird dann variiert.

Phase 3:

Die Führung wird abwechselnd von den TN selber übernommen.

WARM-UP-ÜBUNG 2

ECHO

Ich stehe vorne, mit dem Rücken zur Gruppe (Standardaufstellung für Demo- Choreo- und ähnliche Übungen); die Gruppenaufstellung ist in Reihen versetzt, so dass alle TN einen guten Blick auf mich haben. Meistens wähle ich wieder eine Musik im mittleren Tempo, ob binär oder ternär (also ob die Grundlage der Musik ein gerader oder Swingrhythmus ist), mache ich oft davon abhängig, was im Laufe der Stunde gelernt werden soll. Wollen wir später eine Choreo oder Combi im Swingrhythmus machen, ist es oft vorteilhaft, durch ein „swingiges" Warm Up schon mal darauf einzustimmen. Dann gebe ich über einen Takt eine kleine Kombi vor, die dann im folgenden Takt von der Gruppe wiederholt wird.

Auch hier bietet es sich an, leicht zu beginnen, also in den ersten Takten zum Beispiel rhythmische kleine Folgen vorzugeben, die nur aus *steps* bestehen, dann evtl. aus *step heel* oder *steps* mit *shuffles* kombiniert.

Diese Übung ist von mir nicht festgelegt; ich improvisiere die einzelnen Takte, wiederhole häufig das , was ich rechts gemacht habe, im Folgenden auf der linken Seite und steigere im Laufe der Übung den Schwierigkeitsgrad – aber auch das ist nicht immer gleich – es hängt von der Gruppe, ihrem Lernstand, der Zusammensetzung der Gruppe und evtl. der Stimmung an dem Tag ab.

WARM-UP-ÜBUNGEN – (NICHT NUR) FÜR KINDER

Im Folgenden werde ich einige Warm-Up-Übungen beschreiben,die sich im Besonderen für Kindergruppen eignen. Ihr könnt sie aber genausogut auch in Erwachsenengruppen ausprobieren; manchmal kommen sie dort sogar besonders gut an. Das ist von Gruppe zu Gruppe sehr unterschiedlich.

WARM-UP-ÜBUNG 3

SCHLANGE

Wir stellen uns hintereinander , also als Schlange auf. Die vordere Tänzerin stellt den Schlangenkopf dar und führt zunächst. Das bedeutet, die Schlange bewegt sich kreuz und quer durch den Raum. Der Schlangenkopf führt, gibt also die Bewegung vor, die zu einer möglichst dynamischen, rhythmisch klaren Musik ausgeführt wird. Wenn die Übung neu eingeführt wird, bin für gewöhnlich ich zunächst der Schlangenkopf.

Es sollen hier keine komplizierten Stepschritte ausgeführt werden, sondern die Anführerin sollte auf die Musik reagieren und zum Beispiel mit *steps* oder *flats* ein bestimmtes rhythmisches Muster eine Weile laufen. Möglich ist auch, sich seitlich zu bewegen oder rückwärts, Drehungen mit einzubauen oder Stopps. Die Arme können kreisen oder erhoben sein, wir können *claps* einbauen oder Sprünge. Wichtig ist, dass die Bewegungen nicht nur einmal, sondern eine Weile fortlaufend ausgeführt werden, damit alle TN mitmachen können. Nach einer Weile verabschiedet sich der Schlangenkopf mit einem Winken, läuft ans Ende der Schlange und der/die nächste TN ist an der Reihe anzuführen.

Du wirst feststellen, dass die Kinder oder auch Erwachsene sehr kreativ werden; ihr könnt die Regeln gemeinsam erweitern oder verändern.

WARM-UP-ÜBUNG 4

DOPPELGÄNGER

Die TN finden sich zu Zweiergruppen zusammen; bei einer ungeraden Anzahl TN suche auch ich mir eine Partnerin/einen Partner.

Zu Beginn sucht sich jede Zweiergruppe einen Platz im Raum und einigt sich darauf, wer führt. Dann funktioniert die Übung so ähnlich wie „Schlange":

Die eine TN macht vor, die andere macht mit; das bedeutet wie in der Schlange-Übung, dass eine bestimmte Bewegung oder Schrittkombination eine Weile fortlaufend gemacht wird, beide TN sich also synchron bewegen, bevor etwas eues getanzt wird.

In diesem Fall gebe ich vor, dass sowohl am Platz als auch durch den Raum getanzt wird, ganz nach Lust und Laune. Es ist sowohl möglich, dass die TN voreinander stehen und sich ansehen oder auch hintereinander her laufen.

Nach einer angemessenen Weile rege ich an, die Rollen zu tauschen; es ist aber auch möglich, dies den TN zu überlassen.

Variante 1:

Eine macht vor, die andere macht nach, wie in „Echo".

Variante 2:

die Zweiergruppen formieren sich zwischendurch neu , wenn ich oder eine der TN „Wechseln" in den Raum ruft. Das ergibt immer eine anregende Dynamik.

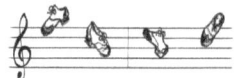 # Rhythmus

Rhythmus ist das Herz des Steptanzes und das Gehirn und das Nervensystem. Rhythmus kann intuitiv erfasst und ausgedrückt werden; zusätzlich können wir ihn verstandesmäßig begreifen, analysieren und von da aus umsetzen.

Beim Steppen machen wir Rhythmus hörbar; wir trommeln mit den Füßen und machen Musik mit dem Körper.

Es kommt häufig vor, dass der eine oder der andere Mensch zu mir kommt und sagt: „ Ich würde gerne Steptanz lernen, aber ich habe gar kein Rhythmusgefühl!" Dazu kann ich nur sagen: „ Das gibt es nicht; jede/r hat ein Gefühl für Rhythmus; nur ist es bei manchen Menschen vielleicht verschüttet worden, und es braucht ein bisschen Zeit, um es wieder hervor zu holen. Es gibt verschiedene Methoden, Übungen und Strategien, um das Rhythmusgefühl zu stärken und zu verfeinern; einige davon werde ich in diesem Kapitel vorstellen.

GRUNDBEGRIFFE - RHYTHMUS

Damit wir über Rhythmus reden können, müssen wir zunächst einige Grundbegriffe klären. Ich gebe hier im Folgenden einige Definitionen von rhythmischen Begriffen, wie ich sie benutze. Solltet Ihr andere Definitionen vorziehen, ist das kein Problem; wie bei fast allen Dingen, gibt es auch hier verschiedene Möglichkeiten und Varianten. Hier sind meine Vorschläge:

Rhythmus:

eine bestimmte Anzahl von Schlägen in einer vorgegebenen Zeit; Zeit bezieht sich für gewöhnlich auf Takte

Takt:

eine feste Gliederung von Noten oder Zeiteinheiten, die einem Musikstück oder - beim Tanz - einer Choreografie ihre Struktur geben; am häufigsten kommt der 4/4 Takt in der europäischen Musik vor, aber wir bewegen uns auch oft im ¾ Takt. Seltener sind 5/4, 6/8, 7/8 oder andere denkbare Takte, aber gerade im Jazz findet man sie immer mal

Notenwerte:

Viertel – der Puls, der dem Rhythmus zugrunde liegt; ich nenne diesen Puls auch Beat

Ein 4/4 Takt hat also vier Viertelnoten;
diese entsprechen einer ganzen Note, zwei Halben, acht Achteln usw.

Beim Steppen haben die Schläge natürlich keine wirkliche Länge, die Notenwerte beziehen sich vielmehr auf die Abstände zwischen den einzelnen Schlägen.

Triole

drei gleichlange, verbundene Notenwerte:

Vierteltriole – drei Schläge pro Halbe

Achteltriole – drei Schläge pro Viertel

Sechzehnteltriole – drei Schläge pro Achtel

binärer Rhythmus:

ein gerader Rhythmus, basierend auf Achteln, Vierteln etc.

ternärer Rhythmus:

ein auf Triolen basierender Rhythmus

Achter:

da im (Step)Tanz zumeist zwei Takte zusammengefasst werden, ist bei einem 4/4-Takt diese Struktur ein Achter (aus acht Vierteln bestehende Einheit)

Time Step:

Traditionell ist ein Time Step ein einfacher Schritt am Anfang einer Routine, mit der die Tänzer sich miteinander und mit den MusikerInnen synchronisieren. Genausogut gibt es die Definion eines Time Steps als traditionelle Form, bei der ein Achter eine bestimmte Schrittkombination beinhaltet, die im Folgenden auf der anderen Seite wiederholt oder variiert wird, dann auf der ersten Seite wiederholt oder variiert wird und der vierte Achter den B*reak* darstellt, der diese vier Achter abschließt.

RHYTHMUSÜBUNG 1

GEMEINSAMEN BEAT FESTIGEN & AUFMERKSAMKEITSÜBUNG

Wir stehen im Kreis. Ich gebe ein gemeinsames Tempo vor, indem ich die Viertel vorzähle: "fünf, sechs, sieben, acht", dann starte ich mit einem *clap* und wir klatschen nacheinander im gleichmäßigen Tempo. Das klingt einfacher, als es ist. Eine Tipp ist, dass alle bei jedem Beat mitwippen, also leicht in die Knie gehen, so dass der Puls im Körper bleibt, auch wenn man gerade nicht an der Reihe ist.

Wenn sich nach ein paar Runden eine Gleichmäßigkeit einstellt, führe ich ein neues Element ein:

Variante 1:

Bei einem Doppel-*clap* ändert sich die Richtung.
Jede/r TN darf einen Richtungswechsel anfordern; aber ich rege an, darauf zu achten, dass die Übung nicht in einer Ecke stecken bleibt.

Variante 2:

Die Übung wird mit geschlossenen Augen ausgeführt.

Variante 3:

Es werden Pausen eingeführt; wenn ein/e TN einen deutlichen Schritt nach hinten macht, ist an dieser Leerstelle nun eine Pause; das heißt hier passiert kein *clap*, aber die Viertelpause muss eingehalten werden. Je mehr TN nun Pausen darstellen, umso größer die Herausforderung und auch der Spaß!
Meistens führe ich diese Variante ohne Richtungswechsel durch, und die Augen sind hier auch geöffnet, aber Ihr könnt da natürlich selber experimentieren, wie das für Euch und Eure Gruppen am besten funktioniert.

RHYTHMUSÜBUNG 2

RHYTHMUS-POST

Ich nenne diese Übung "Rhythmus-Post", weil sie an das Spiel "Stille Post" erinnert.
Wir stehen im Kreis und ich beginne, indem ich durch Vorzählen ein Tempo vorgebe und dann über einen 4/4 Takt einen Rhythmus klatsche. Dieser Rhythmus geht nun durch den Kreis; das heißt, alle TN nacheinander klatschen nun diesen Rhythmus oder eben den, an den sie sich erinnern. Es ist sinnvoll, mit einfachen Rhythmen zu starten und nach ein paar Runden schwierigere Rhythmen vorzugeben.
Dies ist ebenfalls eine Übung dafür, einen 4/4 Takt zu überschauen und jeweils auf der 1 zu beginnen. Dazu kann es hilfreich sein, als LeiterIn die 1 zu klatschen oder in den Kreis zu rufen.

Um den Schwierigkeitsgrad zu erhöhen, kann der vorgegebene Rhythmus auf zwei Takte, also von 1-8 erhöht werden.

Variante 1

Wir laufen mit *flats* die Halben (am Platz), also *flats* auf 1, 3 etc.., während die Übung wie oben beschrieben abläuft.

Variante 2

Die TN geben nacheinander den Rhyhtmus vor, der dann durch den Kreis läuft.

Variante 3

Der vorgegebene Rhythmus wird nun gesteppt - auch hier bietet es sich an, einfach (z.B. mit *steps*) zu beginnen und langsam den Schwierigkeitsgrad zu erhöhen.

RHYTHMUSÜBUNG 3

VIERTEL, ACHTEL, HALBE

Wir stehen im Kreis. Ich beginne mit *heel drops* (=*heels*), gleichmäßig im mittleren Tempo - die *heels* sind meine Viertel. Die TN steigen ein, und wenn diese gleichmäßig laufen, klatsche ich **zusätzlich** die Achtel, also zwei Schläge pro Viertel. Nach einer Weile kommen noch die Halben dazu -ich schnalze mit der Zunge (oder rufe "Ho" oder was immer Euch einfällt)

Variante 1

Wir machen *heels* als Viertel über einen Achter; danach *claps* als Achtel über einen Achter; danach Halbe mit Schnalzen über einen Achter.
Dann teile ich die Gruppe in drei kleine Gruppen und wir machen daraus einen Kanon: die erste Gruppe fängt an: ein Achter Viertel, ein Achter Achtel; ein Achter Halbe. Nach einem Achter fängt die zweite Gruppe genauso an, dann die dritte.

Erweiterung

Die TN tun sich zu Zweiergruppen zusammen und überlegen sich zu jedem Teil (Viertel, Achtel, Halbe) eine kleine Kombination. Pausen sind ausdrücklich erlaubt!

Danach zeigt jede Gruppe ihre Ergebnisse.

Danach könnten alle Gruppen gemeinsam (gleichzeitig) ihre Schritte steppen.

Möglich ist auch, diese auf eine Musik auszuprobieren.

RHYTHMUSÜBUNG 4

ORCHESTER

Ich teile die TN in zwei Gruppen, die sich gegenüberstehen. Ich gebe der einen Gruppe einen gesteppten Rhythmus, der über einen oder zwei Takte geht und fortlaufend (im Loop) ausgeführt wird. Wenn dieser Rhythmus gut läuft, wende ich mich der zweiten Gruppe zu und gebe auch ihr einen Rhythmus, der aber anders ist als der erste. Die beiden Rhythmen überlagern sich nun eine Weile, bis ich mich wieder der ersten Gruppe zuwende und ihr einen neuen Rhythmus gebe usw..

Variante 1

Es werden drei oder vier Gruppen gebildet; ansonsten läuft die Übung wie beschrieben ab.

Variante 2

Eine/r der TN übernimmt statt meiner die Führung.

 # Technik

Eine der Grundsäulen im Steptanz ist die Technik.

Ich verstehe unter Technik, die Art und Weise, wie der Sound produziert wird, also der jeweilige Schlag ausgeführt wird. Dabei ist, anders als oft vermutet, der ganze Körper involviert.

Deshalb gehört meiner Meinung nach die Körperhaltung als Grundlage für die Bewegung auch zur Technik.

Um eine Bewegung im Steptanz auszuführen, ist es wichtig, dass die Tänzerin/der Tänzer über eine angemessene Lockerheit, verbunden mit einer ausreichenden Körperspannung verfügt. Als LehrerIn ist es wichtig, darauf zu achten, dass die Muskelspannung – vor allem beim Einbeziehen der Arme in die Bewegung – bis in die Fingerspitzen zu spüren ist. Außerdem ist eine Spannung im Bauchbereich hilfreich, um den Rücken und die Bewegung allgemein zu stabilisieren.

Dabei muss allerdings darauf geachtet werden, dass der Körper nicht verspannt, vor allem in Schulter-Nackenbereich und in den Füßen.

Es ist hilfreich, eine flexible Grundhaltung einzunehmen, mit ganz leicht gebeugten Knien. Abhängig von der jeweiligen Bewegungsqualität wird natürlich immer mal mit gestreckten oder stärker gebeugten Beinen gearbeitet. Da wir beim Steppen einen großen Teil der Zeit auf den Ballen verbringen, ist es aus Gründen der Balance hilfreich, den Schwerpunkt ein wenig nach vorne zu verlagern, also den Oberkörper ein wenig nach vorne zu neigen – aber ohne den Rücken rund zu machen!

Die Fußarbeit ist beim Steptanz essentiell, aber hier ist es ganz wichtig darauf hinzuweisen, dass jede Berührung des Fußes mit dem Boden seinen Ursprung aus der Körpermitte her hat.

Um einen Sound zu initieren, wird das ganze Bein, aus der Hüfte heraus, benutzt.

Versuch einmal *shuffles* nur aus dem Fußgelenk heraus zu machen und anschließend mit dem ganzen Bein aus der Hüfte heraus von oben nach unten! Du wirst deutlich spüren, dass bei der Bewegung aus dem Fußgelenk der Fuß spürbar angespannt ist und bei der Bewegung aus der Hüfte heraus entspannt, aber kraftvoll.

Im Folgenden möchte ich dir eine Liste der Steptanztechniken mit Definitionen geben. Dazu möchte ich anmerken, dass erstens alle Bezeichnungen auf Englisch erfolgen, weil das im Allgemeinen von den meisten SteptänzerInnen auf der Welt so gehandhabt und verstanden wird. Außerdem können manche Bezeichnungen variieren von LehrerIn zu LehrerIn oder von Region zu Region.

Dies ist also die Steptanzsprache, wie ich sie benutze, mein ganz persönlicher Dialekt.

LISTE DER STEPTANZTECHNIKEN:

(Diese Liste hat keinen Anspruch auf Vollständigkeit und kann in ihrer Begrifflichkeit von dem abweichen, was ihr kennt. Fühl dich frei, sie zu ergänzen oder in deine eigene Steppsprache zu übersetzen.)

TECHNIKEN MIT EINEM SOUND

step
Gewichtsverlagerung auf dem Ballen; der Ballen "schlägt" auf den Boden

flat
der ganze Fuß schlägt auf den Boden (mit oder ohne Gewichtsverlagerung)

stamp
Gewichtsverlagerung auf dem ganzen Fuß (*flat* mit Gewicht)

stomp
flat ohne Gewicht

brush (back/forward)
der Ballen berührt den Boden mit einer Vorwärts- oder Rückwärtsbewegung ohne das Gewicht zu verlagern

tap
der Ballen berührt den Boden mit einer Bewegung von oben nach unten ohne Gewichtsverlagerung

heel (drop)
der Absatz wird auf den Boden geschlagen; das kann mit oder ohne Gewichtsverlagerung ausgeführt werden.

(heel) dig
die Kante des Absatzes wird nach vorne in den Boden gesetzt

41

scuff

beim Schwingen des Beines zumeist nach vorne berührt die hintere Kante des Absatzes den Boden

toe

die Spitze des Schuhs wird senkrecht auf den Boden gebracht

ball (drop)

der Ballen fällt auf den Boden – die Bewegung kommt von dem Fuß, der Gewicht trägt; der Absatz bleibt am Boden

hop

Sprung vom Standbein; Landung auf demselben; auf dem Ballen

leap

Sprung von einer Seite auf die Andere; Landung auf dem Ballen

jump

Sprung mit beiden Beinen, Landung auf beiden Ballen oder wahlweise auf den ganzen Füßen

chug

der Fuß rutscht mit dem Ballen nach vorne und endet auf dem Absatz; der *chug* kann mit einem oder auch beiden Füßen ausgeführt werden

heel click

während die Ballen am Boden bleiben, werden die Absätze gehoben und aneinandergeschlagen; die ist ebenso möglich in der Luft mit vorangehendem Sprung

toe click

die Ballen werden gehoben, das Gewicht ist auf beiden Absätzen und die Ballen schlagen aneinander

heel-to-toe-click

der nach vorne schwingende Fuß berührt mit dem Absatz den Ballen des Standbeines; der Ballen wir hierbei gehoben

toe-to-heel-click
beim nach hinten Schwingen berührt der Ballen den Absatz des Standbeines;
hierbei wird der Absatz gehoben

slide
der Fuß wird über den Boden gezogen und macht dabei ein Schleifgeräusch

clap
in die Hände klatschen

TECHNIKEN MIT ZWEI SOUNDS

ball change
zwei aufeinander folgende **steps**, bei denen der erste nach hinten und der
zweite nach vorne gesetzt wird

shuffle
hier passiert erst ein **brush** nach vorne, gefolgt von einem **brush** nach
hinten, die Bewegung erfolgt aus dem gehobenen Bein von oben nach unten
und einem leichten Schwingen des Beines vor und zurück; beim zweiten
brush geht das Bein wieder nach oben in die Ausgangsstellung. **Der Fuß ist
entspannt; das Bein macht „die Arbeit"**

scuffle
wird wie ein **shuffle** ausgeführt, nur der erste **brush** wird durch einen **dig**
ersetzt

step heel
Kombination aus **step** und **heel**, für gewöhnlich mit Gewichtsverlagerung

flap
Kombination aus einem kurzen **brush**, gefolgt von einem **step**, also mit
Gewichtsverlagerung; für gewöhnlich am Platz und rhythmisch synkopiert. Die
Bewegung kommt von oben (nicht von hinten!) und endet optimalerweise mit
gestrecktem Bein

flam
der Fuß wird von oben nach unten auf den Boden gesetzt - zuerst mit **ball**,
dann folgt der **heel**

slap

wie **flap**, aber ohne Gewichtsverlagerung; der Fuß endet am Boden

riff

beim nach vorne Schwingen berührt erst die vordere Kante des Ballen den Boden; dann zieht der Ballen nach oben und die hintere Kante des Absatzes berührt den Boden

pull back

im Sprung nach oben berührt der Ballen den Boden und landet danach entweder auf der gleichen oder auf der anderen Seite **(pull back change)**

TECHNIKEN MIT DREI SOUNDS

snap (auch **slurp** oder **third**)

funktioniert ähnlich wie der **slap**, nur dass der Fuß flacher über den Boden geführt wird und so drei Töne entstehen: der erste an der vorderen Kante des Ballen, der zweite an der hinteren Kante des Absatze und der dritte beim Strecken des Beines mit dem Ballen **(ball drop)**; er endet also am Boden

riffle

von der Bewegung funktioniert der **riffle** wie ein **shuffle**; aber der Fuß geht flach über den Boden, so dass wie beim **snap** die oben beschriebenen Teile den Boden berühren; allerdings endet die Bewegung mit **brush** statt mit **ball drop**, also in die Luft

wing

beim nach oben Springen gleiten die Ballen mit einer slide-Bewegung des Fußes am Boden nach Außen, und noch in der Luft berühren die Ballen mit einer Bewegung zurück nach Innen den Boden und landen danach

TECHNIKEN MIT VIER SOUNDS

cramp roll (basic)
wir springen leicht nach oben und landen auf ***step step heel heel*** -
entweder **re li re li** oder **li re li re.** Die vier Schläge des ***cramp roll*** folgen
für gewöhnlich gleichmäßig und schnell - zum Beispiel auf **+e de 1**

round cramp roll
die Ausführung ist wie oben, nur dass wir die ***step step heel heel*** **re li li re**
bzw. **li re re li** ausführen

pressed cramp roll
= ***heel flam heel***

shuffle roll
= ***shuffle step heel***

HIER IST PLATZ FÜR DEINE ERGÄNZUNGEN :

TECHNIK-ÜBUNGEN

Es gibt unzählige Möglichkeiten, Technik zu üben. Es bietet sich zum Beispiel an, jedes Mal, wenn eine neue Technik eingeführt wird, diese zunächst zu üben oder individuell ausprobieren zu lassen. Wenn du das methodisch angehen willst, hat es sich als sinnvoll erwiesen, der Übung eine Struktur zu geben, die als Grundlage Achter hat. Das heißt, wenn *shuffles* eingeführt werden, machst du sieben *shuffles* rechts plus eine Gewichtsverlagerung, also *step* oder *flat*, dann wiederholst du das Ganze auf der anderen Seite usw... Am meisten Spaß macht das natürlich mit Musik.

Abgesehen von dieser einfachen Methode habe ich noch einige spezielle Technik-Übungen aufgeschrieben.

TECHNIK-ÜBUNG 1

SHUFFLES AN VERSCHIEDENEN POSITIONEN

Ich stehe vor der Gruppe, die TN in Reihen versetzt hinter mir (Standardaufstellung).

Diese Übung funktioniert sowohl mit als auch ohne Musik; das Tempo ist variabel.

Ich beginne mit *shuffles* auf der rechten Seite vorne neben dem linken Fuß und weise noch einmal darauf hin, dass *shuffles* vor allem aus einer Bewegung des Beines (von der Hüfte ausgehend) und nicht des Fußgelenkes entstehen – die Bewegung passiert von oben nach unten und nicht von hinten nach vorne. Entsprechend sollte ein *shuffle* auf möglichst kleinem Raum stattfinden; so wird es leichter, schnelle *shuffles* zu machen und der Sound ist präziser.

Die Struktur der Übung ist folgendermaßen:

e1	shuffle	re
e2	shuffle	re
e3	shuffle	re
e4	shuffle	re
e5	shuffle	re
e6	shuffle	re
e7	shuffle	re
8	flat	re

Das wird auf der linken Seite wiederholt, und noch einmal rechts und links. Das ist nun **Teil A**.

Teil B:

Im nächsten Teil bleibt die Struktur der Übung erhalten, aber der *shuffle* passiert seitlich. Dazu beuge ich das Standbein (li) und gehe mit dem gestreckten rechten Bein in gerader Linie zur Seite,so dass die rechte Seite des Ballens beim *shuffle* den Boden berührt.
Ich wiederhole links, rechts, links.

Teil C:

Alles ist wie A und B, nur beuge ich ein wenig mehr und mache den *shuffle* nun diagonal nach hinten, so dass ich mit der Innenkante des Schuhs den Boden berühre.

Teil D:

Hier kreuze ich mit dem *shuffle* über dem Fuß des Standbeins, so das jeweil der erste *brush* des *shuffles* nach vorne, der zweite über den stehenden Fuß geht und im nächsten *shuffle* geht die Bewegung zurück. Auch hier wird nach dem oben beschriebenen Schema verfahren.

Teil E:

Eine weitere Möglichkeit ist der *shuffle* nach außen; dabei wird der erste *brush* des *shuffles* mit der Außenkante des Fußes ausgeführt, ausgedreht und der Ballen berührt auf dem Weg zurück den Boden.

Auch hier gehen wir nach dem gleichen Schema vor.

Es gibt sicherlich noch einige weitere Möglichkeiten, die Übung zu erweitern – lass deiner Kreativität Ihren Lauf!

Natürlich ist es auch möglich, die Übung zu verkürzen – ich merke z.B. manchmal, dass eine Gruppe gerade keine Lust auf lange gleichbleibende Übungen hat, dann kürze ich ab. Es kommt aber auch vor, dass gerade gleichbleibende, meditative Übungen sehr gut ankommen. Da ist es meiner Meinung nach immer gut, die Stimmung im Raum im Blick zu haben und spontan zu reagieren.

TECHNIK-ÜBUNG 2

DIES UND DAS (BASICS)

Diese Übung eignet sich sowohl als Warm-Up- oder auch als Technik-Übung.

Als Warm-Up-Übung ist es zweckmäßig, ein langsameres Tempo zu wählen; wenn die TN schon aufgewärmt sind, ist auch ein schnelleres Tempo sinnvoll.

Meistens führe ich die Übung zur Musik aus – ich gehe so vor, dass ich mit einfachen Schritten, z.b. *step-heels* beginne, dann nach acht Takten zu einer Erweiterung wechsele, also z.b. *shuffle step-heel*, danach variiere ich weiter. Bei längeren Schritkombinationen bietet es sich an, über einen längeren Zeitraum, also z.b. über 16 Takte auszuweiten – ich mache das oft intuitiv. Die Übung könnte so aufgebaut sein:

8 Takte: *step heel*

8 Takte: *shuffle step heel*

8 Takte: *dig brush step heel*

16 Takte: *dig brush heel shuffle step heel*

usw.

TECHNIK-ÜBUNG 3

SHUFFLE-HEEL-ÜBUNG

Diese Übung ist triolisch angelegt – wir üben hier systematisch wieder *shuffles* an verschiedenen Positionen, aber nun in Verbindung mit *heels.*

Wir beginnen mit dem Gewicht auf links, die Position der *shuffles* ist vorne neben dem linken Fuß. Es passieren immer jeweils zwei *shuffles* plus ein *heel*; am Ende eines Achters wechseln wir die Seiten, indem wir statt mit *heel* mit *flat* enden. Die Struktur der Übung ist folgende:

e1	shuffle	re
+e2	shuffle heel	re li
e3	shuffle	re
+e4	shuffle heel	re li
e5	shuffle	re
+e6	shuffle heel	re li
e7	shuffle	re
+e8	shuffle flat	re re

Dann führen wir die Übung auf der linken Seite aus (mit Gewicht auf der rechten Seite) und wiederholen noch einmal rechts plus links, so dass jeder Teil aus vier Achtern besteht. Dies war also **Teil A.**

Teil B:

Die Struktur ist die gleiche, aber die *shuffles* passieren nun an der Seite. Das Knie auf der Seite des Standbeines ist etwas mehr gebeugt.

Teil C:

Die Struktur ist die gleiche, aber die *shuffles* passieren nun diagonal nach hinten. Das Knie des Standbeines ist noch ein wenig mehr gebeugt; der Fuß berührt den Boden mit der Innenkante des Ballens.

Teil D:

Die Struktur ist wieder die gleiche, aber der erste *shuffle* ist vorne, der zweite an der Seite

Teil E:

Die Struktur ist die gleiche, aber der erste *shuffle* wird seitlich ausgeführt, der zweite hinten.

Teil F:

Die Struktur ist die gleiche, aber der erste *shuffle* kreuzt über den stehenden Fuß, der zweite geht jeweils zurück.

TECHNIK-ÜBUNG 4

RIFFLES AND SNAPS

Wir stellen uns im Kreis im Uhrzeigersinn auf. Die Übung hat folgende Struktur:

e de 1	riffle	re
e de 2	snap	re
e de 3	riffle	li
e de 4	snap	li
e de 5	riffle	re
e de 6	snap	re
e de 7	snap	li
e de 8	snap	li

Dann wird alles auf der linken Seite wiederholt. Ihr könnt das einige Male wiederholen.

Variante 1

Nach jedem *riffle* und jedem *snap* wird ein *heel* gesetzt.

Variante 2

Sowohl vor als auch nach jedem *riffle* und *snap* wird ein *heel* gesetzt.

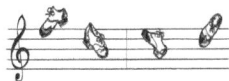 # Improvisation

Das Ziel aller Bemühungen im Steptanz ist aus meiner Perspektive, die "hohe Kunst" der Improvisation zu beherrschen.
Das Ziel der meisten meiner SchülerInnen ist, Improvisation so weit wie möglich zu vermeiden.
Für mich bedeutet Improvisation die größtmögliche Freiheit im Ausdruck; für die TN ist es oft die größtmögliche Unsicherheit.

Im Laufe der Jahre habe ich realisiert, dass nicht alles, was ich für mich erreichen will, auch das Ziel meiner SchülerInnen darstellt. Viele TN sind glücklich damit, Choreografien zu erlernen, sich in Präzision, Technik, Tempo und Repertoire weiter zu entwickeln, ohne das Thema Improvisation zu vertiefen.

Trotzdem kommt in meinem Unterricht auch weiterhin Improvisation vor, wenngleich ich es nicht immer so nenne.
Das Wichtigste für mich ist, dass meine SchülerInnen Spaß haben und sich wohl fühlen. Deshalb versuche ich, Improvisations-Übungen so zu gestalten, dass sie immer noch ein wenig Sicherheit geben. Das erreiche ich, indem ich eine Struktur vorgebe oder mit bekannten Elementen arbeite.

Aber natürlich gibt es immer auch Gruppen oder einzelne TN, die sich für Improvisation begeistern. Deshalb stelle ich euch ein paar Improvisations-Übungen zur Verfügung.

Bei den im Warm-Up-Teil bereits beschriebenen Übungen sind die Teile, bei denen die TN die Führung übernehmen, natürlich auch schon kleine Improvisations-Übungen.

IMPROVISATIONS-ÜBUNG 1

ÜBERLAGERUNG MIT STEPS & SHUFFLES

Teil A

Wir stehen im Kreis und starten gemeinsam mit einer einfachen Kombination aus *steps* und *shuffles*. Das könnte so aussehen:

1	step	re
2	step	li
3	shuf-	re
+4	fle step	re re

=> Wiederholung links und ein paar Mal weiter abwechselnd rechts und links ausführen.

Teil B

Danach zeige ich, wie die Kombination erweitert werden kann, indem ich spontan den *shuffle* verdoppele oder weitere *steps* einfüge oder weglasse - also mit *steps* und *shuffles* improvisiere.
Nun können alle TN das selber ausprobieren.

Teil C

Ich fange an mit *steps* und *shuffles* zu improvisieren, dann steigt meine linke Nachbarln ein und improvisiert ebenfalls mit *steps* und *shuffles*. Wenn das eine Weile gelaufen ist, steige ich aus, und die/der nächste TN steigt ein. So ist immer jede/r eine Weile allein und dann zu zweit.
Ich rege bei dieser, wie bei den meisten Improvisations-Übungen an, auch Pausen einzufügen - vor allem, wenn zu zweit improvisiert wird, passieren so spannende rhythmische Überlagerungen.

Teil D

In der nächsten Runde dürfend die TN auch andere Techniken und Schritte benutzen oder bei *steps* und *shuffles* bleiben.

IMPROVISATIONS-ÜBUNG 2

FLAPS + BREAK

Flaps sind bereits bekannt, und ich habe den Teilnehmern erklärt, dass wir 3 x 8 *flaps* plus einen Break über einen Achter machen. Der Break wird improvisiert.

Teil A

Wir stehen im Kreis; ich habe eine Swingmusik im mittleren Tempo ausgewählt.

Zunächst einmal steppen wir alle gemeinsam. Die ersten drei Achter sind *flaps*, der vierte Achter ist der improvisierte Break. Das bedeutet, dass im vierten Achter alle etwas Unterschiedliches tanzen. Das tanzen wir einige Male die Form (vier Achter) hindurch.

Teil B

Jede/r TN steppt einen Achter (alleine); die ersten drei Achter sind weiterhin *flaps*, der vierte Achter wird improvisiert. Achte darauf, dass es eine ungerade Zahl TN sind, damit alle einmal mit dem improvisierten Break dran sind!

Teil C

Alle tanzen wieder gleichzeitig; erlaubt sind *flaps*, improvisierte Breaks und Pausen. Die Teile (auch die Pausen!) sollten jeweils wieder über einen Achter gehen, ansonsten ist die Struktur frei.

IMPROVISATIONS-ÜBUNG 3

EIN ACHTER LAUFEN - EIN ACHTER FREI IMPROVISIEREN

Ich wähle eine Musik mit einem deutlichen Rhythmus. Wir laufen kreuz und quer durch den Raum - mit *flats* auf die Viertel über einen Achter. Dann pausieren wir einen Achter. Währenddessen hören wir intensiv auf die Musik und lassen den Rhythmus auf uns wirken . Dann wird über einen Achter frei improvisiert. Danach geht es von vorne los: laufen, pausieren, improvisieren...

Variante 1

Es ist den TN freigestellt, wie viele Achter gelaufen , improvisiert und pausiert wird. Die Pause sollte dazu genutzt werden, sich inspirieren zu lassen von den Impro-Teilen der anderen TN und ggf. Elemente daraus zu verwenden.

 # Choreografie

ALLGEMEINE ÜBERLEGUNGEN ZU CHOREOGRAFIE

Das Herzstück meines Unterrichts ist immer eine Choreografie, an der ich mit den TN arbeite. Das heißt, neue Techniken und Schritte werden fast immer anhand von Tänzen gelernt. Ich habe ein paar traditionelle Steptänze im Repertoire, die ziemlich flexibel auf unterschiedliche Musikstücke passen; die Choreografien, die ich mir ausdenke, sind fast immer auf eine bestimmte Musik choreografiert und passen dann am besten darauf!

Als ich selber mit dem Unterrichten anfing, konnte ich, wie oben schon erwähnt, gerade drei Choreografien, die zu den traditionellen gehören und hatte keine rechte Ahnung, wie ich mir selber Choreografien oder Schrittkombinationen ausdenken sollte.

Da ich zu der Zeit aber auch gezwungen war, viel Musik zu hören und daraufhin zu prüfen, ob und was man dazu steppen kann, hat sich da natürlicherweise eine Verbindung entwickelt. Die Musik hat angefangen, mit mir zu "sprechen". Manchmal fragen SchülerInnen mich, warum ich einen bestimmten Schritt eingebaut habe. "Die Musik wollte das so!", kann ich dann oft nur sagen.

Der erste Schritt zu einer Choreografie ist für mich meistens, dass ein Musikstück mich inspiriert oder SchülerInnen sich einen Tanz zu einer bestimmten Musik wünschen. Ich erfülle, wenn möglich, sehr gerne Musikwünsche, allerdings muss ich das Stück mögen, und es muss sich ganz allgemein auch zum Steppen eignen. Das ist natürlich eine ganz subjektive Sichtweise. Prinzipiell eignet sich jede Musik zum Steppen!
Fast immer entwickelt sich die Choreografie bei mir aus Improvisation. Oder aus rhythmischen Strukturen in der Musik, die eine bestimmte Schrittkombination "erfordern".

Fast alle erwachsenen SchülerInnen lernen bei mir als ersten Tanz den Shim Sham - das ist **der** traditionelle Steptanz, den die allermeisten SteptänzerInnen im Laufe ihres Lebens irgendwann einmal lernen. Dieser Tanz ist vor hundert Jahren, also in den 1920er Jahren von Leonard Reed entwickelt worden, und es gibt inzwischen unzählige Variationen davon.

Ich werde euch hier die Version aufschreiben, die ich meinen SchülerInnen beibringe.

Außerdem stelle ich euch noch eine Choreografie für Anfänger mit Vorkenntnissen - Mittelstufe zur Verfügung, die ich ursprünglich auf das Stück "Let's do it, let's fall in Love" von Alanis Morissette choreografiert habe. Sie kann aber auf jeden Swingstandard getanzt werden.

Shim Sham Shimmy (Leonard Reed & Willlie Bryant)

Bei mir ist die rhythmische Grundlage hier binär, also gerade; außer beim dritten Schritt, der im Swingrhythmus getanzt wird. Andere Shim Sham - Varianten sind komplett im Swingrhythmus angelegt - probier aus, was dir am besten gefällt!

Musikvorschläge:
When somebody thinks you're wonderful von Brian Ferry
Honey Pie von den Beatles

1. Schritt - Shim Sham

8	shuf-	re
+1	fle step	re re
2	shuf-	li
+3	fle step	li li
4	shuf-	re
+5	fle step	re re
+6	step shuf-	li re
+7	fle step	re re

Das wird auf der anderen (linken) Seite wiederholt und dann wieder auf der rechten, wobei der allerletzte *step* zu *tap* wird!

Shim Sham Break:

8	flat	re
1	toe	li
2	step	li
3	hop	li
+(4)	step	re
+5	hop step	re li
6	step	re
7	step	li

Beim folgenden Schritt, dem Cross-Over, beginnen wir mit einer Drehbewegung des Körpers, die Hüfte, Beine, Knie, Füße beinhaltet. Das bedeutet: mit dem ersten *flat* drehen wir uns in die rechte Diagonale, mit dem nachfolgenden *step* in die linke Diagonale. Das passiert zweimal, bevor es dann in die Cross-Over-Bewegung geht.

2. Schritt - Cross Over

8	flat	re
1	step	li
2	flat	re
3	step	li
4	flat	re
5	heel step	re li (vorne kreuzen)
+6	heel	li
7	flat	re

Das wird links und noch einmal rechts wiederholt.

Break:

8	flat	li
1	heel	li
+(2)	step	re (vorne kreuzen)
+3	heel flat	re li
4	flat	re
5	heel	re
+(6)	step	li (vorne kreuzen)
+7	heel flat	re

3. Schritt - Tack Annie

e8	stamp stomp	li re
e1	brush tap	re re (hinten kreuzen)
2	flat	re
e3	brush tap	li li (hinten kreuzen)
4	flat	li
e5	brush tap	re re (hinten kreuzen)
6	flat	re
e7	brush tap	li li (hinten kreuzen)

Dieser Schritt wird dreimal auf der gleichen Seite ausgeführt; am Ende wird der letzte *tap* durch *step* ersetzt, so dass das Gewicht nun auf dem linken Fuß ist!

Break:

= Shim Sham Break

4. Half Break

8	flat	re
1	step	li
+3	shuffle	re
+3	step step	re li
4	flat	re
5	step	li
+6	shuffle	re
+7	step step	re l

Break:

Shim Sham Break

Als Abschluss mache ich gerne eine Variation dieses Breaks:

8	flat	re
1	toe	li
2	step	li
3	hop	li
+(4)	step	re
+5	hop step	re lil
6	jump	re+li (nach außen)
7	jump	re+li (nach innen)
8	flat	re (in Pose)

Der Shim Sham ist ein wunderbarer Anfängertanz, weil er richtig einfach beginnt; erst der dritte Schritt ist ein bisschen schwieriger und muss gut eingeführt und geübt werden. Wenn der Shim Sham fertig ist, macht er trotz seiner Kürze und relativen Einfachheit viel her.

Außerdem kann man ganz spannende Variationen aus dem Shim Sham herausholen.
Eine beliebte Variation ist, die Breaks wegzulassen, also in dem jeweiligen Achter zu pausieren - das wirkt am besten mit einer Pose im Freeze (Einfrieren).

Auch als Kanon funktioniert der Shim Sham super; ich lasse gerne eine Gruppe mit dem ersten, die andere Gruppe mit dem dritten Schritt beginnen. Ein bisschen fortgeschrittener, aber rhythmisch sehr spannend ist, wenn eine Gruppe auf 8 und die andere Gruppe auf 1 anfängt. Probiert diese und andere Varianten einfach mal aus! Auf jeden Fall ist es am Eindrucksvollsten, den Kanon ohne Musik zu tanzen, weil die Rhythmusüberlagerungen so am besten hörbar sind.

Let's do it

MUSIK: LET'S DO IT, LET'S FALL IN LOVE (ALANIS MORISSETTE)

Der Tanz ist im klassischen "Vier Achter" (=acht 4/4 Takte)-Muster aufgebaut.

Grundrhythmus: ternär, also Swingrhythmus

Wir starten in der Musik nach dem Intro: Der Gesang beginnt sehr langsam; bei der Zeile "...in Spain the... ",wenn das Grundtempo beginnnt, geht es los!

1. Schritt (Intro)

1	step	re (re über li kreuzen)
e2	heel step	re li
e3	heel step	li re
e4	heel step	re li (li über re kreuzen)
e5	heel step	li re (re über li kreuzen)
e6	heel step	re li
e7	heel tap	li re
(8)		

1	step	re (re über li kreuzen)
e2	heel step	re li
e3	heel step	li re
e4	heel step	re li (li über re kreuzen)
e5	heel step	li re (re über li kreuzen)
e6	heel step	re li
e7	heel tap	li re
e(8)	step	re

Beide Achter werden nun auf der linken Seite wiederholt.

2. Schritt

e1	brush (back) step	re re
2	heel	re
e3	brush (back) step	li li
4	heel	li
e5	shuffle	re
e6	ball change	re li
7	step	re
8	heel	re

Nun folgt die Wiederholung auf der linken Seite mit **brush (forward)** statt **brush (back)** und der dritte Achter ist wieder wie der erste.

Break:

e1	shuffle	li
e2	ball change	li re
3	step	li (zur Seite li)
4	heel	li
e5	shuffle	re
e6	ball change	re li
7	flat	re
(8)		

3.Schritt:

1	scuff	li (1/3 Drehung nach re)
e2	heel dig	re li
e3	ball ri-	li re
+e4	ff heel dig	re li re
e5	ball toe	re li
e6	heel step	re li
e7	brush step (back)	re re
e(8)	flat	li

Es folgt die Spiegelung auf der rechten Seite und die Wiederholung auf der linken Seite; jedes Mal wird 1/3 Drehung nach rechts ausgeführt; für den Break stehen wir wieder nach vorne gewandt.

Break:

1	scuff	re
2	heel	li
e3	brush step	re re (kreuzt über li)
e4	heel heel	re li (Drehung nach li)
e5	ball ball	re li
e(6)	flat	re (Front)
e7	brush tap	li li
(8)		

4. Schritt

1	scuff	li (diagonal nach vorne li)
e2	heel dig	re li
e3	ball shuf-	li re (kreuzt über li)
e4	fle step	re re
e5	heel toe	re li
e6	heel flat	re li (nach vorne drehen)
e7	shuffle	re
+e8	step heel flat	re re li

Nun wird der Schritt auf der rechten Seite gespiegelt, dann auf der linken Seite wiederholt.

Break:

e1	shuffle	re
+e2	step heel flat	re re li
e3	shuffle	re
+e4	step heel flat	re re li
5	leap	re (zur rechten Seite)
e(6)	step	li (hinten kreuzen)
e7	leap step	re (zur rechten Seite) li (vorne kreuzen)
8	flat	re

 **Kreativität**

Es gibt verschiedene Möglichkeiten, die TN zu unterstützen, eigene Ideen zu entwickeln. Die eine Möglichkeit besteht darin, die Fähigkeit zum Improvisieren zu fördern. (siehe: Improvisations-Übungen)

Eine andere Möglichkeit ist, die TN zu unterstützen, eigene Ideen zu realisieren, also sich eigene Kombinationen auszudenken. Meine Erfahrung hat gezeigt, dass nicht alle Gruppen bzw. TN motiviert sind, selbst kreativ zu werden. Die Kindergruppen haben allerdings meistens sehr viel Spaß daran.

Wie bei den Improvisations-Übungen ist es hilfreich, eine Struktur anzubieten.

Ich stelle euch hier zwei Übungen vor, mit denen ich immer mal arbeite.

KREATIV-ÜBUNG 1

Zuerst singen wir ein kurzes, einfaches Lied, zum Beispiel *Lollypop* oder *Bruder Jakob* oder irgendein Lied, dass du gut singen kannst. Wenn alle das Lied singen können, klatschen wir den Rhythmus der Melodie, und zwar jede Silbe! Danach finden die TN sich zu zweit oder dritt zusammen und haben die Aufgabe sich eine Schrittkombination im Rhythmus dieser Meldodie auszudenken.

Wenn nach einer vereinbarten Zeit alle wieder zusammen kommen, zeigen die einzelnen Gruppen ihr Ergebnis und der Rest der Gruppe singt das Lied dazu.

Ich einige mich mit den TN auf vier Techniken, die schon bekannt sind: z.B. *steps, shuffles, toes* und *heels*.

Gegebenenfalls zeige ich improvisierend verschiedene Möglichkeiten, diese zu einer Kombination zu verbinden. Es ist nicht festgelegt, wie oft, welche Technik benutzt werden muss.

Wir einigen uns auf eine Taktart; das ist meistens der 4/4 Takt, kann aber auch jeder andere sein. Oft einigen wir uns auf eine Musik, zu der die TN sich etwas ausdenken wollen; dann ist die Taktart sowieso vorgegeben.

Es ist auch möglich, dass wir uns auf eine bestimmte rhythmische Figur einigen, z.B. wäre es möglich, den Rhythmus aus dem 1. Shim Sham Schritt als Grundlage zu nehmen.

Wir können uns auch auf eine Länge einigen - zum Beispiel auf einen Achter. Ob wir das machen, hängt davon ab, was wir im Folgenden mit den kreativen Ergebnissen weiter anfangen wollen und von der Zeit, die uns zur Verfügung steht.

Die Aufgabe könnte also lauten: **Denkt euch einen Achter im 4/4 Takt aus. Der Rhythmus ist Swing, die Techniken sind *steps* und *shuffles* und *hops*; mindestens eine Drehung soll vorkommen!**

Dann lasse ich die TN sich meistens zu zweit oder dritt zusammentun und gebe eine Zeit vor, in der sie kreativ sein dürfen.

In dieser Zeit gehe ich von Gruppe zu Gruppe, schaue mir Zwischenergebnisse an und helfe, wo es nötig ist.

Danach ist Showtime! Jede Gruppe darf ihr Ergebnis vortanzen.

Erweiterung:

Wenn eine Gruppe ihr Ergebniss vorgetanzt hat, gibt die Zuschauergruppe ein Feedback.

Vorher haben wir die Feedbackregeln festgelegt: Es wird immer zuerst gesagt, was gut war!!! Danach kann es Vorschläge zum Verbessern geben.

Nach der Showrunde mit Feedback kann es eínen zweiten Teil geben, in dem die Gruppen die Möglichkeit bekommen, ihre kleine Choreografie mithilfe der Verbesserungsvorschläge noch einmal zu überarbeiten. Danach ist wieder Showtime!

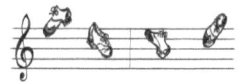 # Body Percussion

Body-Percussion ist innerhalb des Tanzes eine ganz eigene Kunstform, die, wie der Name schon sagt, mit dem Körper Klang erzeugt. Die Definition trifft im Prinzip auch auf den Steptanz zu. Beim reinen Body-Percussion sind allerdings keine speziellen Schuhe nötig, sondern wir klopfen, klatschen, trommeln, stampfen...erzeugen Laute allein mit unserem Körper.

Steptanz und Body-Percussion lassen sich ganz wunderbar kombinieren!

Ich werde euch an dieser Stelle zwei kurze Body-Percussion-Routines präsentieren. Die erste ist relativ einfach und eignet sich auch gut als Aufwärmübung. die zweite ist etwas schwieriger; Sie ist ursprünglich Teil einer längeren Body-Percussion-Choreografie.

Body-Percussion-Routine

Aufstellung: Kreis

Rhythmus: binär

Laufrichtung: gegen den Uhrzeigersinn

1	flat	li
+2	clap flat	re
+3	clap flat	li
+4	clap flat	re
5	flat	li
+6	clap clap	
+7	flat clap	re
+8	clap flat	li

Dieser Achter wird auf der rechten Seite gespiegelt und dann noch einmal auf der linken Seite wiederholt. Mit dem dritten Achter gehen die TN aus dem Kreis heraus nach vorne in ein bis drei Reihen (abhängig von der Anzahl der TN). Es folgt der Break.

Break:

1	stomp	re (zur Seite)
+2	clap clap	
+3	flat clap	re ((zurück zur Mitte)
+4	stomp clap	li (zur Seite)
+5	flat stomp	li re (Mitte, Seite)
+6	clap clap	
+7	flat clap	re (Mitte)
+8	flat flat	li re (nach vorne)

Danach kann alles von vorne beginnen oder variiert werden. Hier ist eine Variationsmöglichkeit:

Gruppe A beginnt wieder von vorn; 3 Achter plus Break; **Gruppe B** tanzt gleichzeitig folgende Variante:

Gruppe B:

1	flat	li
+2	clap clap	
+3	flat clap	re
+4	clap flat	li
5	flat	re
+6	clap flat	li
+7	clap flat	re
+8	clap flat	li

Dies wird auf der rechten Seite gespiegelt und auf der linken Seite wiederholt. Dann folgt der Break, den beide Seiten nun wieder gleich haben.

Die Erfahrung hat gezeigt, dass dieser Überlagerungsteil am besten statt im Kreis in Reihen nach vorne geübt wird. Ich stehe vor den Reihen, so dass die TN jeweils eine Orientierung haben.

Eine weitere mögliche Variation kann so aussehen: Die TN denken sich selber 1 -3 Achter aus, die sie dann im dritten Teil tanzen. Am besten sollte anfangs nur mit *flats* und *claps* gearbeitet werden; bei fortgeschritteneren Gruppen kann das Repertoire erweitert werden. Der Break ist dann wieder der ursprüngliche, den alle gemeinsam tanzen. Möglich ist, dass Gruppe A eine Kombi und Gruppe B eine andere gemeinsam choreografiert. Aber es kann auch in Zweiergruppen oder alleine gearbeitet werden.

BODY PERCUSSION & TAP

(Auszug aus einer umfangreicheren Choreografie für etwas fortgeschrittenere Gruppen)

Rhythmus: binär

Erläuterung: *D* = mit der flachen Hand auf das Dekolleté

O = mit der flachen Hand auf den angehobenen Oberschenkel

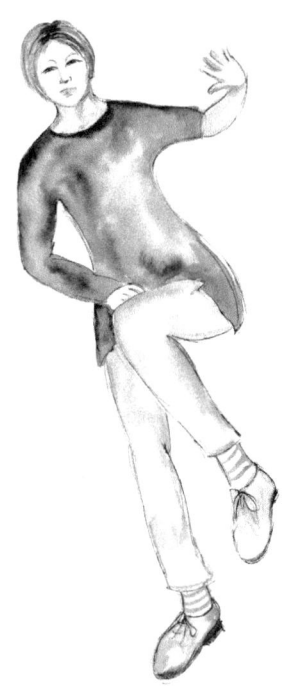

Teil 1

Es gibt zwei Gruppen, die sich versetzt gegenüberstehen. Sie gehen aufeinander zu und aneinander vorbei und drehen sich am Ende der zwei Achter um. Sie tun das mit folgender Kombination:

1	flat	re
+2	clap flat	li
+3	clap flat	re
+4	clap flat	li
5	flat	re
+e6	clap O O	erst clap, dann auf linken O mit re li
+(7)	flat	li
+8	flat flat	re li
1	flat	re
+2	clap flat	li
+3	clap flat	re
+4	clap flat	li
5	flat	re (halbe Drehung nach re)
(6)		
+7	flat clap	li
+e8	O O flat	auf re Oberschenkel mit re li, re

Danach geht es mit der gleichen Kombination, nur mit links gespiegelt, zurück auf die ursprünglichen Positionen.

Transition (Übergangsteil):

Mit dem folgenden Teil gehen alle in ein oder zwei Reihen; abhängig von der Gruppenstärke.

1	flat	li
2	flat	re
3	flat	li
4	flat	re
5	heel	re
e+e6	shuffle step heel	li li li
e+e7	single roll	re
e+e8	shuffle step heel	li li li

Dieser Teil wird (bereits in Reihe/n nach vorne) auf der rechten Seite gespiegelt.

Dann folgt Teil 2:

Teil 2 a (2 x)

1	flat	re
+(2)	D	
+3	flat D	li
+4	D flat	re
+5	D flat	li
+(6)	D	
+7	flat D	re
+8	D flat	li

Teil 2 b (2 x)

1	heel	li
e+e2	single roll	re
e3	shuffle	li
+e4	step heel flat	li li re
5	heel	re
e+e6	single roll	li
e7	shuffle	re
+e8	step heel flat	re re li

Nachdem sowohl 2a also auch 2b jeweils über zwei Achter getanzt wurde, folgt nun eine Überlagerung. Es gibt wieder zwei Gruppen, **A** und **B**. Bei mir stehen immer abwechselnd ein TN **A**, ein TN **B** usw..

Überlagerung:

Gruppe **A**	Gruppe **B**
2 x Teil 2a	2 x Teil 2b
2 x Teil 2b	2 x Teil 2a

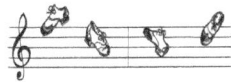 # Spiele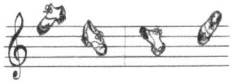

Vor allem mit den jüngeren SchülerInnen gehe ich den Steptanzunterricht eher spielerisch an. Aber trotzdem besteht eine Unterrichsstunde für gewöhnlich aus Warm-Up, Übungen und Choreografie. An besonderen Tagen (vor den Ferien, bei 35 Grad im Tanzsaal oder wenn jemand Geburtstag hat) - oder einfach mal so - spielen wir.

Im Lauf der Jahre habe ich mir ein Repertoire an Step- und Bewegungsspielen angeeignet; einige davon stelle ich dir hier zur Verfügung.

SPIEL 1

KENNENLERNSPIEL

Dies ist ein Spiel für eine erste Stunde mit Kindern, wenn ich mir die Namen einprägen möchte, und wir miteinander warm werden wollen.

Wir stehen im Kreis und ich beginne:" Ich heiße Birgit und male gerne ." Dazu mache ich die entsprechende Bewegung. Dann geht es weiter durch den Kreis.

Erweiterung:

Ich stelle meine Nachbarin/meinen Nachbarn im Kreis vor: "Das ist Alina. Sie tanzt gerne. " Auch hier mache ich die entsprechende Bewegung und gebe dann weiter. Alle stellen nun nacheinander ihre NachbarInnen vor.

SPIEL 2

LIEDER STEPPEN

Dieses Spiel spiele ich häufig mit den Kindern vor Weihnachten; ein Grund ist, dass es am meisten Weihnachtslieder gibt, die alle kennen. Aber es geht natürlich auch mit anderen Liedern.

Die Kinder bilden Zweier- oder Dreiergruppen und einigen sich innerhalb ihrer Gruppe heimlich(!) auf ein Weihnachtslied, von dem sie glauben, dass die anderen es kennen. Ich kontrolliere, ob kein Lied doppelt vorhanden ist und helfe mit Vorschlägen, wenn den Kindern nichts einfällt.

Hat jede Gruppe ein Lied, üben alle Gruppen ihr Lied zu steppen. Das passiert möglichst so, dass die einzelnen Gruppen, nicht mitbekommen, was die anderen machen. (Wir haben vorher geübt, Melodien zu steppen; wie das geht, beschreibe ich im Kapitel Kreativität.)

Wenn alle soweit sind, stellt jede Gruppe ihr Ergebnis vor, und die anderen dürfen raten, um welches Lied es sich handelt. Danach wird es noch einmal gesteppt, während der Rest der TN das Lied singt.

Dieses Spiel eignet sich hervorragend für Weihnachtsfeiern mit den Eltern. Vor der Feier bereiten wir die kleinen Weihnachtslieder-Choreografien vor, die die Eltern dann erraten dürfen. Und dann wird gemeinsam gesungen!

SPIEL 3

STEP-MEMORY

Aus der Schule kennen die meisten Kinder Menschenmemory. Dieses Spiel funktioniert so ähnlich. Am besten lässt es sich mit relativ großen Gruppen spielen.

Zwei Kinder verlassen den Raum. Danach tun sich jeweils zwei Kinder zusammen und überlegen sich eine kurze Steppkombination. Diese sollte nicht länger als ein oder zwei Takte sein. Die Gruppen üben kurz, diese Sequenz identisch auszuführen. Dann verteilen sich die TN im Raum und die beiden Ratenden dürfen herein kommen.

Wie beim normalen Memory fängt ein/e TN (A) an und lässt nacheinander zwei TN ihre Kombination zeigen. Sind die Kombinationen gleich, gehören diese beiden TN auf die Seite von A.

Dann ist B an der Reihe und aktiviert zwei TänzerInnen. Das geht so lange weiter, bis alle Zweiergruppen erraten wurden.

SPIEL 4

STOPPTANZ

Ich suche eine möglichst dyamische Musik heraus, und wir legen die Regeln fest: wenn die Musik läuft, tanzen alle kreuz und quer durch den Raum; stoppt die Musik, gehen alle in den Freeze - keine/r darf sich bewegen. Wer sich bewegt, muss aussetzen und die Musik bedienen.

Dieses Spiel eignet sich gut für das Ende einer Stunde, wenn wir uns viel konzentriert haben und noch mal frei tanzen wollen.

 **Musik**

Meine erste Steptanzlehrerin war ein großer Fan von Swingmusik, vor allem gespielt von Big Bands. Also dachte ich anfangs, dass Steptanz nur auf diese Art von Musik funktioniert.

Aber tatsächlich ist es möglich, zu jeder Art von Musik zu steppen!

Wenn Dir die Musik gefällt und sie einen spürbaren Groove und Rhythmus hat, spricht nichts dagegen, darauf zu steppen.

Meine persönliche Vorliebe bezieht sich auf Musikstücke, die nicht so "voll" sind; ich nehme gerne sparsam instrumentierte Stücke, die Platz lassen für den Steptanz. Aber auch da gibt es Ausnahmen.

Fühl dich frei und probier einfach aus, was für dich und deine SchülerInnen funktioniert. Von Zeit zu Zeit frage ich meine SchülerInnen nach ihren Lieblingsstücken oder nach Musik, zu der sie gerne mal steppen würden. Mit dieser Methode hab ich schon einige schöne, neue Stücke entdeckt.

Hier sind ein paar meiner Lieblingsstücke für den Unterricht:

Ed Sheeran - *Shape of You*

Bryan Ferry - *When somebody thinks you're wonderful*

Caro Emerald - *Paris*

Cannonball Adderley - *Autumn Leaves*

Zaz - *Je veux*

Dave Brubeck - *Unsquare Dance*

Madeleine Peyroux - *Careless Love*

Harry Connick jr. - *One fine Thing*

 **Vorletzte Worte**

Es ist nach dem Unterricht.
Ich stöpsele mein Handy aus der Anlage, schließe die Fenster und
denke über die vergangenen Unterrichsstunden nach.
Habe ich heute alle gesehen? Hoffentlich hat sich niemand
gelangweilt oder überfordert gefühlt!?

Die Tür öffnet sich und eine Schülerin schaut noch einmal herein:
"Danke für die Stunde, war schön!"

Na, dann ist wohl alles gut gelaufen - bis zum nächsten Mal!

 **Letzte Worte**

Mein Dank geht an alle meine SchülerInnen, ohne die dieses Buch niemals entstanden wäre, denn mit jeder Unterrichsstunde lerne auch ich immer weiter dazu.

Außerdem möchte ich mich bei all den SteptänzerInnen, TänzerInnen, MusikerInnen und DozentInnen bedanken, die mich inspiriert und begleitet haben; sei es im Proberaum, im Tanzsaal oder auf der Bühne.

Ich möchte einige davon namentlich nennen: Irina Maué, Kurt Albert, Brenda Bufalino, Rusty Frank, Debra Bray, Josh Hilberman, Dirk David, Pia Neises, Andrea Kückmann, Bianka Sondermann und meine KollegInnen vom Jazz Quartap!

ÜBER DIE AUTORIN

Birgit Brade ist seit 25 Jahren Steptänzerin und Steptanzlehrerin. Sie hat seitdem Schülerinnen aller Alterstufen und Niveaus unterrichtet und unterschiedlichste Bühnenprojekte realisiert. Ihre Wurzeln liegen im Rhythm Tap, und ihre Liebe gehört dem Jazz - jedoch nicht nur. Sowohl tänzerisch als auch musikalisch will sie sich nicht festlegen lassen und hat im Laufe der Jahre einen ganz eigenen Stil entwickelt, den sie nicht müde wird, ihren SchülerInnen zu vermitteln. Birgit Brade tanzt und schreibt und malt in Paderborn.